F. LE PLAY

ET

LA SCIENCE SOCIALE

PAR

A. DELAIRE

Ancien élève de l'École polytechnique,
Secrétaire général de la Société d'Économie Sociale
et des Unions.

TROISIÈME ÉDITION

PARIS
BUREAUX DE LA *RÉFORME SOCIALE*
54, rue de Seine, 54.

UNIONS DE LA PAIX SOCIALE

Fondées par F. LE PLAY, en 1872.

Les *Unions de la paix sociale*, ébauchées dès juin 1871, furent le produit d'un élan spontané du patriotisme. Elles réunissent *sur le terrain de l'observation* les hommes pratiques et dévoués que préoccupe le mal social de notre époque. Elles comptent plus sur l'initiative des individus que sur l'influence des gouvernants. Elles ne s'occupent pas des affaires politiques et laissent à leurs membres la plus complète indépendance. Mais chacun comprendra qu'il est du devoir et de l'intérêt de tous de chercher, par l'observation des modèles, les éléments essentiels du bien dans la vie privée ; ce sont là, en effet, les plus fermes et les plus solides garanties de la prospérité publique. Les *Unions* s'appliquent ainsi à substituer la description des faits à l'affirmation des idées préconçues, et à mettre en lumière les conditions indispensables à la stabilité des familles, à la paix des ateliers, à la prospérité morale et matérielle du pays.

Pour faire partie des *Unions de la Paix sociale*, il faut être présenté par un membre des Unions, ou s'adresser au secrétaire général.

Les membres des *Unions* reçoivent tous les quinze jours la revue : *La Réforme sociale*. Ils sont convoqués, chaque hiver, à des réunions locales d'études sociales, et, au mois de mai, à un Congrès général, à Paris.

La cotisation annuelle est de **15 francs**.

Secrétariat : rue de Seine, 54, Paris.

F. LE PLAY

ET LA SCIENCE SOCIALE [1]

Les fondateurs du Collège libre des sciences sociales qui vient d'ouvrir ses cours à Paris ont désiré, avec une largeur de vues peu commune et une confiance hardie dans le triomphe définitif du vrai, faire exposer, avec la plus entière liberté, les principales doctrines autour desquelles se groupent les opinions dans le domaine économique et social. Une telle revue eût été incomplète si l'un des plus puissants réformateurs de ce siècle n'y avait pas figuré, si les auditeurs qui se pressent à cet enseignement nouveau n'avaient pas pu connaître dans sa vie, apprécier dans sa méthode, juger dans sa doctrine, celui que Sainte-Beuve appelait « un Bonald rajeuni, progressif et scientifique, de la lignée des fils de Monge et de Berthollet [2] » ; celui que Montalembert saluait comme « vraiment grand dans l'histoire intellectuelle du XIXᵉ siècle, par son rare

1. Leçon professée au Collège libre des sciences sociales le 23 décembre 1895, et publiée par la *Nouvelle Revue* le 15 février 1896.

2. *Nouveaux lundis*, t. IX.

courage à combattre les sophismes du temps » ; celui que Paul Bourget, avec son sens psychologique si pénétrant, plaçait naguère au premier rang de nos grands analystes, entre Honoré de Balzac et Hippolyte Taine.

Au milieu des brillantes perspectives humanitaires qui, vers 1830, séduisaient l'imagination de la jeunesse à la suite du mouvement saint-simonien, alors que les sciences et l'industrie prenaient leur merveilleux essor, alors que s'agitaient tant de problèmes sur le bonheur des sociétés, la recherche de solutions vraiment scientifiques en cette matière obsédait la pensée de Frédéric Le Play. C'est au bruit de la guerre civile qui ensanglantait nos rues pendant les journées de Juillet, qu'il résolut de consacrer une large part de sa vie à étudier méthodiquement les moyens les plus propres à assurer aux sociétés modernes le bien-être, l'harmonie, la paix. Comment, au milieu d'une carrière prodigieusement laborieuse, a-t-il pu tenir cette promesse de ses jeunes années ? C'est ce que nous allons voir, en examinant rapidement sa vie, sa méthode, sa doctrine.

I

C'est au petit village de la Rivière, sur la basse Seine, entre la forêt de Brotonne et la ville de Honfleur, qu'est né en avril 1806 l'auteur de *la Réforme sociale*. Son père, officier des douanes, appelé sur cette côte par un service très pénible alors, mourut jeune ; mais sa mère, une forte chrétienne, aux vertus viriles, à l'infatigable dévouement, le dressa de bonne heure à l'amour du bien. Rien n'était plus touchant que d'entendre Le Play raconter ses jeunes années, qui s'écoulèrent sous les influences salubres de la religion, de la pauvreté et des catastrophes nationales [1]. Externe au collège du Havre, il travaillait près de sa mère en toute liberté, relisant de préférence Cicéron et Tacite, le traité *des Devoirs* et *les Mœurs des Germains*. L'année 1823 fut décisive pour lui. Il venait de subir les épreuves du baccalauréat. Un arpenteur dont il partageait quelquefois les travaux voulait lui céder sa clientèle. Nous avons peine à nous figurer Le Play géomètre de village ; mais c'était pour lui et sa mère la vie assurée, et il hésitait. Un de ses camarades d'enfance, M. Charles-Louis Robert, qui fut plus tard ingénienr de la marine et mourut chanoine de Rouen, se préparait alors à l'École polytechnique et le pressait de suivre la même carrière. Pour juger de ses aptitudes, il accompagna pendant quelques mois dans ses missions un ami de sa famille, M. Dan de la Vauterie, ingénieur en chef des ponts et chaussées, qui lui faisait goûter de bonne heure la lecture de Montaigne et plus que d'autres contribua à asseoir son jugement. Peu après, il entrait au collège Saint-Louis. La discipline du collège et plus tard le casernement à l'École lui furent très pénibles ; mais, admis à École des mines en 1827, il retrouvait dans la liberté toute la fécondité de son travail. On en-

---

1. *Les Ouvriers européens*, t. Ier. — V. aussi *Le Play d'après sa correspondance*, par Charles de Ribbe (Firmin-Didot) ; et *Le Play*, par Fernand Auburtin, maître des requêtes au Conseil d'État (Guillaumin).

eut vite la preuve : à la fin de sa deuxième année, il avait obtenu plus de points de mérite que les élèves n'en ont à la fin de leurs trois ans. Félicité par le ministre, il fut exceptionnellement dispensé de la troisième année, succès d'autant plus remarquable qu'il est demeuré unique. Ses meilleurs camarades étaient : Michel Chevalier, Alphonse Gratry et surtout son *ancien*, Jean Reynaud. Celui qui devait écrire *Terre et ciel* était déjà épris de toutes les espérances de « progrès » et s'efforçait, avec la générosité rêveuse de sa riche imagination, de découvrir dans quel moule il fallait refondre les sociétés humaines. Le Play, par la formation même de son enfance comme par le caractère méthodique de son esprit, était porté à penser, avec Socrate et Montesquieu, qu'aux époques de souffrance un peuple doit surtout s'inspirer des bonnes coutumes de son passé, sans cesse amendées, contrôlées et développées par l'exemple des contemporains et les leçons de l'expérience. Aussi, les deux amis, toujours en discussion, résolurent-ils, dès leur premier voyage d'élèves-ingénieurs, de mener de front leurs études techniques et leurs enquêtes sociales. Ils visitèrent ainsi le Hartz avec ses vieilles corporations minières, le Hanovre avec ses antiques fermes patrimoniales, et revinrent plus divisés d'opinion et meilleurs amis que jamais. Quelque temps après ce retour, survint à l'École des mines un grave accident au laboratoire ; Le Play, grièvement blessé, fut pour de longs mois réduit à une complète inaction physique qui avivait encore l'ardeur de ses méditations. Puis, la révolution de Juillet éclatait, et, comme nous l'avons dit en commençant, il se décidait à faire désormais une large place dans sa vie à la recherche scientifique des conditions de prospérité ou de souffrance des sociétés modernes.

Chargé d'un double service, rédiger les *Annales des Mines* et organiser la *Statistique minérale de la France*, Le Play commença à travers l'Europe ses grands voyages d'exploration tant de fois répétés, au cours desquels il n'examinait pas seulement en Espagne ou au pays de Galles, dans l'Oural ou les Balkans, en Suède ou en Saxe, etc., l'art métallurgique sous ses aspects les plus divers, mais encore les familles ouvrières dans tous les détails de leurs travaux, de leur vie domestique et de leur condition morale.

De patientes recherches, en particulier sur la préparation de l'acier et le traitement des minerais de cuivre, aboutirent à la publication de mémoires qui eurent un grand retentissement, en modifiant quelques théories de la science, celle de la cémentation entre autres, en améliorant diverses méthodes pratiques, en provoquant même la création en Angleterre d'un enseignement technique supérieur. Aussi, en 1840, Le Play devint professeur de métallurgie à l'École des mines, et un peu plus tard inspecteur des études. Déjà il avait fait partie de l'exploration scientifique de la Russie méridionale organisée par le prince Demidoff, dans laquelle il fit la description des terrains carbonifères du bassin du Donetz. Dans la suite, plusieurs missions lui furent confiées par l'empereur Nicolas, ce qui lui permit de connaître mieux que personne alors l'empire des tsars, et d'apprécier plus justement les rapports économiques ou sociaux du passé en les voyant encore vivants sous

ce régime de servage, de corvées et de collectivisme.
D'ailleurs les immenses propriétés minières du prince
Demidoff furent bientôt placées sous sa direction ; il
eut à en créer l'exploitation, à en diriger les usines,
à en gouverner les quarante-cinq mille ouvriers, sans
délaisser son enseignement à Paris, sans abandonner
ses fructueux voyages à travers le continent.

Un petit nombre d'amis d'opinions très diverses,
Montalembert, François Arago, Lanjuinais, Hippolyte
Carnot, Jean Reynaud, connaissaient les observations
méthodiques et précises ainsi recueillies sur les populations ouvrières des diverses contrées. Et quand, au
lendemain de la révolution de Février, Louis Blanc
présidait les bruyantes conférences du Luxembourg
sur l'organisation du travail, le Gouvernement provisoire
fit appel à Le Play. On lui demanda de venir opposer
des faits positifs aux déclamations vides ; on le pressa
de publier les riches matériaux amassés depuis près de
vingt ans ; on lui en fit même un devoir patriotique,
supérieur à ses obligations professionnelles. Il dut
céder ; mais, toujours défiant de lui-même, il voulut
contrôler encore une fois sur place tous ses documents,
et ce n'est qu'après vingt-cinq ans de voyages et de
travaux qu'il fit paraître *les Ouvriers européens* en 1855.
« Ce devrait être une leçon, disait Sainte-Beuve, pour
tous les réformateurs, en leur montrant par quelle série
d'études préparatoires, par quelles observations et comparaisons multipliées, il convient de passer, avant d'oser
se faire un avis et de conclure. » Encore fut-il très
sobre de conclusions, connaissant bien la force des
préjugés et la résistance des idées préconçues, mais

confiant dans la puissance de la méthode scientifique pour mettre la vérité en pleine lumière.

Les temps, en effet, avaient changé ; les mauvais jours de Février étaient loin ; la première de nos expositions universelles ouvrait ses palais au monde émerveillé ; l'attention publique n'était plus aux questions sociales. Cependant l'Académie des sciences donna le prix de statistique aux *Ouvriers européens*, louant la rigueur de la méthode comme la sobriété des conclusions, et souhaitant qu'une société fût fondée afin de poursuivre et d'étendre de pareilles études dans les deux mondes. Pour répondre à ce vœu se créa en 1856 la Société internationale d'économie sociale dont Le Play fut jusqu'à sa mort le secrétaire général, et qui eut pour premiers membres autour de lui, J.-B. Dumas, Ch. Dupin, Michel Chevalier, Wolowski, Villermé, Augustin Cochin, Adolphe Focillon, etc. ; elle n'a cessé depuis quarante ans de combattre l'ignorance ou l'utopie, en leur opposant l'expérience et l'observation.

L'Exposition universelle de 1855 marqua une heure importante dans la vie de Le Play ; nommé au dernier moment commissaire général pour réparer le temps perdu et rétablir un succès compromis, il réussit à tout sauver. Ses rares qualités d'organisateur ainsi révélées le firent nommer conseiller d'État. Il dut abandonner, avec son enseignement, tous ses travaux techniques, pour se consacrer à la fois à ses nouvelles fonctions, à la préparation des expositions universelles dont il demeura chargé, et plus que jamais, puisque tout l'y poussait, à l'étude des questions sociales.

Dans son passage au conseil d'État, son œuvre prin-

cipale fut une grande enquête sur le commerce du pain
et le rapport qui la résuma en faisant décréter la liberté
de la boulangerie (1860).

L'Empereur Napoléon III, qui eut toujours une in-
quiète sollicitude pour l'amélioration du sort des
ouvriers, appela Le Play au conseil privé pour rechercher les moyens d'appliquer les conclusions formulées
avec réserve dans *les Ouvriers européens*. Mais, quel que
fût le désir du souverain, il fallut reconnaître que l'opinion restait insuffisamment préparée et qu'un nouvel
exposé était nécessaire, plus accessible, moins analy-
tique, plus condensé. Ce fut *la Réforme sociale en
France déduite de l'observation comparée des peuples
européens*. Grand fut le retentissement de ce livre, car
les idées qu'il agitait paraissaient fort nouvelles ; on ne
les traitait dans aucune réunion (sauf à la Société d'économie sociale) ; on ne les discutait jamais dans la presse.
La Réforme sociale les exposait dans le silence général,
avec une précision rigoureuse et hardie. A une époque
où l'horizon était radieux, l'auteur osait annoncer
l'arrivée prochaine de catastrophes nationales, consé-
quences inéluctables de la confiance accordée aux
sophismes du xviiie siècle.

En même temps et sans nul souci de sa santé un
moment ébranlée, Le Play avait dirigé l'Exposition
française à Londres, en 1862, et présidait à la mémorable Exposition de 1867. Chacun se rappelle quelle en
fut la belle ordonnance, le classement parfait et, chose
non moins rare, la gestion si bien conduite que son
budget s'est soldé par un excédent, au lieu des déficits
auxquels nous sommes maintenant habitués. Par une

innovation heureuse, qui a été le point de départ des expositions et des musées d'économie sociale, Le Play avait fait créer un *nouvel ordre de récompenses* pour les ateliers où règne la paix sociale ; admirable enquête ouverte dans le monde entier, et qui marquait dans sa pensée la véritable portée morale que devaient avoir dans l'avenir ces exhibitions internationales des richesses matérielles.

A la suite de l'Exposition, Le Play, devenu sénateur, reprit avec plus de liberté ses efforts de réforme, et, à la demande du souverain toujours désireux d'en voir le succès, il donnait de sa pensée un double résumé encore plus concis. Le premier, visant surtout la paix des ateliers, paraissait en 1870 sous le titre de *l'Organisation du travail*. Mais on était à l'année terrible, et les malheurs prévus s'abattaient sur la France désemparée.

Après la catastrophe, la même voix qui avait multiplié les avertissements relevait maintenant les courages, en rappelant que « Dieu a fait guérissables les nations de la terre », et en montrant les moyens et les conditions du salut. Rentré dans la vie privée, refusant toute fonction et tout mandat, uniquement dévoué à sa tâche patriotique, Le Play, pendant les douze dernières années de sa vie, n'a pas cessé de travailler à éclairer les esprits, à rapprocher les hommes, à dissiper les préjugés, à unir les volontés. Pendant cette période de labeur intense, il redouble d'efforts à mesure qu'il sent décroître ses forces ; il donne successivement ses derniers ouvrages : *l'Organisation de la famille*, où tant de pages montrent la sagacité de l'observateur devançant ou confirmant la science de l'érudit ; *la Constitution de l'An-*

gleterre, à laquelle nous eûmes l'honneur de collaborer spécialement ; et *la Constitution essentielle de l'humanité*, résumé synthétique d'une haute sérénité. En même temps, il réédite jusqu'à trois fois *la Réforme sociale*, avec des additions considérables ; il fait de la deuxième édition des *Ouvriers européens* un ouvrage nouveau par le plan et par les développements. Ce n'est pas tout : voulant surtout agir sur les hommes, il exerce sur ceux qui se pressent autour de lui une profonde action personnelle que son immense correspondance étend au loin. Il fonde ainsi, d'abord les Unions de la paix sociale pour activer de toutes parts les travaux et la propagande dont la Société d'économie sociale demeure le foyer ; et ensuite la Revue *la Réforme sociale*, pour servir de lien et d'organe aux adhérents nombreux qui constituent autour du maître l'école de la paix sociale.

Partout il cherche des hommes et veut des apôtres plutôt que des orateurs ou des écrivains. Toujours affable aux nouveaux venus, il aime surtout les jeunes gens, et de toutes nos provinces, de toutes les contrées du monde, il en venait sans cesse près de lui. C'était l'avenir qui apparaissait à ses yeux, et rien ne lui coûtait pour les gagner à la cause de la réforme.

Atteint violemment par le mal qui devait l'emporter, il lutta deux ans encore contre la souffrance sans cesser de travailler ; il était vraiment de ceux qui ne se reposent jamais. Tout à coup, le 5 avril 1882, sans que rien eût fait prévoir cette fin soudaine, Dieu l'a rappelé, après lui avoir donné la consolation des espérances éternelles, et sans lui imposer les angoisses des séparations suprêmes.

Telle fut, dans ses traits essentiels, rapidement esquissés, la vie de Frédéric Le Play. Il était nécessaire de rappeler ainsi ce qu'ont été la formation intellectuelle et les travaux professionnels de l'ingénieur et du savant, afin de pouvoir étudier ensuite, dans leur cadre propre, la méthode et la doctrine du maître en science sociale.

II

Et d'abord la méthode. Au temps de Le Play et autour de nous encore, des novateurs généreux, émus par le spectacle des souffrances humaines, pensent que la société est mal construite, qu'il la faut rebâtir sur un plan nouveau, et ce moule dans lequel ils voudraient la refondre, c'est à un effort de leur esprit qu'ils en demandent l'invention. Les systèmes ainsi conçus n'ont évidemment rien de scientifique : ils sont la contradiction même de toute science. Ils se présentent toujours, en effet, comme un ensemble complet, un « bloc », qu'il faut réaliser en entier et tout d'un coup, ce qui nécessite au préalable une destruction absolue. Ni les phénomènes de la nature, ni les faits de l'histoire ne nous offrent rien de pareil ; c'est de la progressive transformation de ce qui était hier que sort lentement ce qui sera demain. Les novateurs qui préconisent ces systèmes ne peuvent donc s'appuyer sur aucune expérience, et celles qu'on leur oppose, ils les repoussent précisément parce qu'elles sont partielles et qu'ils ne veulent considérer que le « bloc » dans la fiction de leurs rêves.

Il est clair que de tels procédés ont quelque chose

d'arriéré et qu'ils ne devraient plus avoir de place dans notre âge de science positive. Si les phénomènes sociaux de prospérité et de souffrance sont consécutifs de causes, et nul ne saurait prétendre qu'ils sont le jeu du hasard, il n'y a rien à inventer ; comme pour la physique ou la chimie, c'est de l'analyse des effets qu'on remontera à la connaissance des causes. Comment, en effet, nos sciences se sont-elles constituées, sinon en abandonnant les conceptions systématiques pour recourir aux investigations précises ? Depuis l'antiquité on discutait à perte de vue sur les théories physiques et chimiques sans parvenir à se mettre d'accord. C'est ainsi que pendant tout le xviiie siècle les chimistes se partageaient en deux camps, pour ou contre le *phlogistique*, cet air inflammable contenu dans les corps et que la combustion seule en pouvait chasser. Quand, au lieu de se borner à envisager le caractère extérieur et qualitatif des phénomènes, on a voulu aborder avec précision des mesures quantitatives, quand on a pesé la limaille de fer transformée en rouille, on a constaté qu'elle avait augmenté de poids ; elle n'avait pas perdu, elle avait gagné un élément nouveau ; les théories systématiques disparaissaient et la science de Lavoisier était fondée. De même pour la géologie et la biologie, pour ne nommer que les dernières venues ; de même aussi pour les études sociales. Pour elles, l'heure est arrivée de devenir une science, en abandonnant les théories creuses, en appuyant leurs fondations sur le terrain solide des faits, en imitant enfin les procédés rigoureux qui ont fait la puissance des sciences modernes.

Que fait le minéralogiste quand il a devant lui une série de minerais différents d'aspect, de texture, de poids, de couleur, etc., mais qui tous présentent une même réaction chimique ? Il ne se creuse pas la tête pour deviner la cause de ce caractère uniforme. Il analyse les minerais dans leur composition intime et, comparant les éléments, il reconnaît celui qui leur est commun à tous et qui est dès lors la cause de leur caractère commun. Pour déterminer expérimentalement quelles règles, quels principes, quelles lois assurent la prospérité des sociétés, la méthode sera la même : choisir dans la réalité vivante des groupes, familles, ateliers, villages, provinces, nations, qui tous présentent le caractère de la prospérité, de la paix sociale, c'est-à-dire qui ne soient en proie ni à la misère noire, ni à l'antagonisme social, ni aux révolutions politiques ; les analyser dans tous leurs éléments économiques et moraux ; comparer ensuite les résultats et mettre ainsi infailliblement en lumière les principes, les règles, les coutumes qu'ils ont en commun, et qui sont la cause de leur commune paix sociale. C'est, on le voit, la méthode scientifique dont les succès nous ont tant de fois éblouis : partout elle a fait ses preuves, et chacun sait qu'elle est sûre, rigoureuse, féconde.

Mais, dira-t-on, pour appliquer la méthode des sciences, il faut pour chacune d'elles user de procédés appropriés à son objet ; comment devra-t-on procéder en matière sociale ? Qu'il nous soit permis d'insister quelque peu, car ceci en vaut la peine.

Nous n'avons pas à toucher ici à cette nécessaire réfutation des sophistes qui a été faite par un maître dont la force et la profondeur de la pensée sont admirées par tous ceux qui viennent autour de lui au Collège libre des sciences sociales [1]. Mais nous rappellerons qu'au XVIIIe siècle les philosophes, les économistes, celui qui a écrit *le Contrat social*, et les constituants ou les jacobins qui l'ont appliqué, n'ont envisagé que l'homme abstrait. Tous ont raisonné sur ce que Taine, dans une page inoubliable [2] appelle l'homme en soi, le résidu infiniment mince qu'on obtient quand on élimine tout ce qui distingue un Français d'un Papou, un compagnon de Shakespeare d'un collègue de Gladstone ; c'est à cette abstraction qu'on applique le *Contrat social* : mais, de ce qu'il lui convient, il ne s'ensuit pas qu'il convienne à l'homme réel ; il s'ensuit, au contraire, qu'il ne lui convient pas, car il y a entre eux toute la différence qui sépare un simulacre vide de l'homme vivant. Le Play, se plaçant résolument au milieu de la réalité, comme un naturaliste, n'a pas à se préoccuper de ces chimères : il observe ce qu'il a sous les yeux, non pas « l'homme en soi », mais l'ouvrier, l'artisan, le paysan, mais le Français, l'Anglais, le Russe, c'est-à-dire qu'il tient compte de toutes les conditions du milieu : le milieu physique, la nature des lieux et son influence sur le régime du travail et l'organisation sociale tout entière ; le milieu historique, la race avec son héritage d'idées, de mœurs, de traditions, de gloires, qu'une génération ne saurait répudier sans se détruire elle-même. Ce n'est pas tout : cet homme réel,

---

1. TH. FUNCK-BRENTANO, *les Sophistes*, 2 vol. in-8° ; *l'Homme et sa destinée*, 1 vol. in-8° ; Paris, Plon.

2. *La Révolution*, t. Ier, p. 183.

l'observation ne le saisit jamais à aucun âge de la vie, à l'état d'individu isolé. Enfant faible et nu, il ne pourrait se passer de ses parents pour son existence matérielle et son éducation morale ; homme fait, il a une compagne, il doit donner le pain quotidien aux chers petits êtres qui sont sortis de sa chair, et former au bien ces âmes qu'il a appelées à la vie ; vieillard, quand ses forces défaillent, sans l'affection de ceux en qui il se survivra, il n'aurait trop souvent entre la tombe et lui que la misère, l'abandon, le désespoir. Ce n'est donc pas pour l'homme en soi, ce n'est pas pour l'individu isolé qu'il faut étudier et résoudre les problèmes sociaux, c'est pour la famille, véritable unité sociale de laquelle tout vient, à laquelle tout aboutit. Nos premiers économistes, qui n'avaient pas l'esprit étroit de leurs successeurs du xviiie siècle, ne s'y étaient point trompés, et Bodin comme Montchrétien insistent à maintes reprises sur la nécessité, pour la république, pour l'État, d'avoir des familles bien organisées, des ménages sous un droit gouvernement.

C'est donc sur des familles offrant les caractères du bien-être et de la paix sociale que devra porter l'analyse méthodique. Ces familles, il les faudra choisir dans les larges et profondes assises de la race, familles d'ouvriers, familles de paysans, parce qu'elles sont la masse et parce que, plus simples, elles subissent davantage toutes les influences du milieu et reflètent mieux dans leur vie les rapports qui unissent les diverses classes, comme aussi les idées et les traditions de la race. Enfin, comme dans les modestes ménages tous les faits importants se résolvent en recettes ou en dépenses, c'est le budget domestique qui sera la base constante des investigations, qui obligera l'observateur à fouiller tous les détails de la vie de la famille et qui fournira à l'exposé des faits un cadre uniforme rendant les comparaisons rapides et aisées. Plus de pareilles analyses seront multipliées, variées, étendues dans l'espace par des voyages ou dans le temps par l'histoire, plus nettement s'en dégageront les conditions essentielles de la prospérité, les « faits permanents », les lois de la science sociale. D'ailleurs, il sera facile de faire la contre-épreuve et de choisir, au contraire, des familles désorganisées, et de leur étude il ressortira que les règles précédentes sont chez elles méconnues ou violées.

Telles ont été les monographies des *Ouvriers européens*. Il est clair que, dans la méthode de Le Play, rien n'est livré à l'esprit de système, rien n'est abandonné au caprice de l'observateur. On ne se fait point un idéal auquel les faits devront ensuite se plier ; on ne procède pas d'une idée préconçue qu'on vérifiera par quelques exemples bien triés ; on part d'un fait indiscutable : la paix sociale, et on laisse les phénomènes eux-mêmes témoigner spontanément des conditions qui la produisent ou la maintiennent.

Quelques observations avant de quitter ce sujet.

Les questions sociales sont multiples et diverses, mais la méthode d'observation peut toujours s'appliquer à les élucider ou à les résoudre. S'agit-il, par exemple, des conflits parfois si bruyants entre le capital et le travail ? Presque toujours l'attention publique se porte alors volontiers sur telle grève qui sévit, avec les misères du chômage prolongé, la violence des mises à l'index et la sauvagerie de la tyrannie syndicale. Mais tous ceux qui ont l'habitude des recherches scientifiques comprendront, avec Le Play, qu'il y a peu de profit à tirer d'une enquête faite au moment où les passions sont excitées, les responsabilités confuses, les rouages faussés ou brisés. Au contraire, toujours féconde en enseignements est l'étude des ateliers, bien plus nombreux heureusement, qui ne font pas parler d'eux, parce qu'ils savent conserver l'harmonie dans le travail. Au lieu de se livrer au hasard des inventions ou d'écouter les prôneurs de panacées nouvelles et de spécifiques infaillibles, c'est aux exemples manifestes de paix qu'il faut aller demander les leçons de l'expérience. S'agit-il seulement d'examiner tel élément de la vie économique, le salaire, la consommation, le loyer ; ou telle institution, conseil d'usine ou de conciliation, société coopérative ou participation aux bénéfices ; ou même une question plus générale, situation des ouvriers agricoles, conditions du travail de 'a femme, etc., toujours le recours aux faits s'impose à ceux qui, loin de soutenir une thèse intéressée, cherchent consciencieusement le vrai.

Scruter les faits, interroger l'expérience, implique évidemment qu'au lieu d'imiter l'idéologue qui s'abstrait de la réalité, comme le fit Adam Smith, on cherche, au contraire, à étendre le plus possible le champ d'observation, à multiplier les voyages d'étude et d'enquête, surtout à recueillir le témoignage de ceux que Platon appelait les « hommes divins » et que Le Play nommait les « autorités sociales ». Il ne voulait pas désigner ainsi les puissants, les riches, les fonctionnaires, mais ceux qui, dans tous les rangs, sont des modèles et des guides,

que l'opinion respecte pour leur sagesse et leur vertu,
et qui font régner la paix autour d'eux. C'est un point
capital dans l'application de la méthode expérimentale.
Ainsi seulement on enrichit, on développe, on vivifie la
coutume nationale par l'imitation des bons exemples de
l'étranger. Ainsi souvent on juge telle réforme pro-
posée, car il y a peu de renouveau dans les rapports
sociaux, et la plupart des solutions ont été essayées
plus ou moins heureusement. Ainsi encore on fait, en
quelque sorte, une excursion dans le passé, car tous
les peuples ne s'avancent point du même pas dans les
voies de la civilisation, et les derniers venus traversent
sous nos yeux les étapes que les autres ont depuis longtemps dépassées.

Au surplus, l'étude des faits sociaux peut être pour-
suivie dans l'histoire elle-même. Trop longtemps, celle-
ci, n'ayant nul souci de l'exactitude, nul instinct de cri-
tique, ne se préoccupait que de la forme littéraire ou des
intérêts de parti. Ainsi entendue, l'histoire n'est plus
qu'un travestissement des faits au gré de l'imagination
des uns ou des passions des autres. Taine a montré
comment la légende de la Révolution s'est formée quand
les témoins disparaissaient, vers 1825. Sous nos yeux,
la pression des intérêts sectaires défigure ouvertement
la physionomie du passé de notre race, mettant ainsi en
flagrante contradiction les professeurs du haut enseignement qui parlent avec l'indépendance du savoir, et
les instituteurs qui, dans l'école primaire, obéissent
aux injonctions des politiciens. La nécessité de réagir
contre les fausses théories d'histoire ne pouvait échap-
per à celui qui, tenant pour rien les idées reçues,

voulait en toutes choses le témoignage et le contrôle des faits. La première partie de *la Réforme sociale en France* esquisse cette importante réfutation expérimentale, en indiquant les principales sources auxquelles il faut recourir pour substituer aux inexactitudes plus ou moins intéressées une impartiale certitude et pour faire apparaître dans un tableau fidèle les anciens rapports sociaux et les institutions du passé. Aussi, nul plus que Le Play ne se réjouissait en voyant la transformation absolue de l'étude de l'histoire par l'enseignement scientifique de l'École des Chartes. Il en applaudissait les professeurs, il en saluait les élèves, comprenant combien d'esprits jeunes et vigoureux se formaient ainsi pour le culte seul de la science et du vrai. Mais il est inutile d'insister davantage, car un cours sur la méthode historique est fait au Collège libre des sciences sociales, avec un talent déjà mûr et une jeune éloquence qui lui vaudront, on en est assuré d'avance, un grand et légitime succès.

Après cet exposé, nécessairement incomplet, ceux mêmes qui apprécient le caractère vraiment scientifique de la méthode gardent peut-être dans l'esprit quelque doute sur son efficacité pratique.

Il convient donc de rappeler, non seulement les travaux de la Société d'économie sociale et les monographies des *Ouvriers des deux Mondes*[1], mais aussi quelques-uns des exemples qui prouvent combien les monographies de familles sont largement mises en œuvre

1. Le dixième volume de la collection des *Ouvriers des deux Mondes* est en cours de publication. (Paris, Firmin Didot.)

à l'étranger. Nous citerons seulement : en Belgique plusieurs enquêtes de la Commission royale du travail en 1886 et celle du Ministère de l'industrie sur les salaires ; — en Angleterre, les nombreuses monographies dressées par le *Board of Trade*, par la *Royal Commission on labour*, et par la *Royal Commission on agriculture* ; — en Allemagne et en Suisse, des travaux multipliés, émanant soit de savants isolés, soit de sociétés de statistique, notamment les monographies rétrospectives de M. Gottlieb Schnaper, restituées à l'aide de vieux livres de comptes domestiques ; — aux États-Unis, enfin, les mémorables rapports de M. Carroll D. Wright, directeur, il y a vingt ans, du Bureau de statistique du travail du Massachusetts, depuis longtemps commissaire au Département du travail à Washington, et surtout la vaste enquête qu'il a faite, à l'aide de commissaires spéciaux, sur les industries du fer, de la houille, de l'acier et des textiles dans les deux mondes, et dans laquelle près de 6.000 monographies ouvrières ont été consignées. Il serait peut-être permis d'ajouter qu'une publication particulièrement intéressante, qui va paraître à Londres avant un mois, se composera de 36 monographies dressées conformément à la méthode de Le Play par des observateurs émérites, M. Charles Booth, M. le professeur Marshall, M. Henri Higgs. Mais ces exemples suffisent, et il est temps d'arriver à la dernière partie de cette étude : les conclusions déduites de l'observation des faits.

III

Il ne saurait être question d'exposer ici, même brièvement, les résultats auxquels conduit, dans le domaine économique et social, l'application de la méthode scientifique : importance prépondérante de la religion chez tous les peuples prospères ; organisation stable de la famille, appuyée par une forte autorité paternelle ; rôle de la propriété sous ses trois formes, collective, familiale, patronale ; conditions de la paix des ateliers ; puissance et limites de l'association, extension de la vie privée, réformes de la vie publique. Impossible d'énumérer, avec les justifications indispensables à leur rigueur, des conclusions qui, dans leur ampleur, embrassent tous les aspects de la vie sociale. Toutefois il semble que ce ne serait pas répondre à une légitime attente que de se borner à vanter la rigueur et la fécondité des études expérimentales sans permettre de juger, au moins par deux ou trois exemples, ce que valent leurs conclusions générales. Pour rendre ces exemples plus saisissants, choisissons quelques-unes des abstractions dont on a le plus abusé.

La croyance à la bonté native de l'homme était 1789, au dire de Guizot, « une des colonnes de l'orgueil humain ». Et c'est en effet sur ce principe que Jean-Jacques Rousseau, dont l'influence fut si grande, a toujours raisonné dans ses écrits. On aimait alors à penser, avec Th. Jefferson, que la morale pousse chez l'homme comme ses jambes et ses bras. De là l'engouement pour la liberté absolue dans l'ordre politique, pour le « laissez-faire » dans l'ordre économique, l'homme devant être d'autant plus vertueux, d'autant plus heureux, que ses instincts se développeront sans entrave, que le libre jeu des intérêts, la concurrence des égoïsmes règleront seuls les rapports sociaux. Si, tenant pour rien ces théories, nous allons avec Le Play interroger l'expérience, que répond-elle ?

D'abord le fait que toute observation révèle, c'est que les premiers mouvements de la nature ne sont pas droits, que l'enfant naît avec le penchant au mal, que l'homme ne s'élève à la vertu que par la lutte. Ceci n'est en quelque sorte que la constatation aisée à faire autour de soi et en soi-même. Mais si nous poussons plus avant l'analyse par la méthode des monographies, elle atteste que partout la pratique des familles prospères est précisément de dompter les instincts naturels pour les dresser, afin de réaliser l'éducation morale de l'enfant, la discipline morale de l'adulte et la continuité des efforts de génération en génération. Toutes atteignent ce même but nécessaire ; mais les moyens qu'elles emploient varient suivant les temps, les lieux, la race et le développement social. Dans les conditions faites à nos sociétés modernes, elles y parviennent d'autant mieux que l'autorité paternelle est mieux respectée, le foyer domestique plus stable, la transmission héréditaire plus libre, la coutume nationale plus aimée. Familles patriarcales, familles instables, familles souches, parmi ces divers régimes que l'analyse distingue, Le Play indique comme le meilleur modèle les familles souches, parce qu'elles allient mieux que les autres la tradition avec le progrès, l'autorité paternelle et la stabilité du foyer avec la fécondité continue et l'expansion coloniale de la race. Faisant la contre-épreuve, il établit, par de nombreuses enquêtes souvent répétées après lui, comment nos antiques familles de paysans sont systématiquement détruites depuis cent ans au préjudice de tous les intérêts sociaux, de la population qui décroît, de la colonisation qui échoue, de la défense qui est compromise. Elles deviennent de plus en plus instables sous la pression des contraintes successorales édictées par le code civil, qui constituent un régime exceptionnel dans le monde, qu'aucun peuple n'a imité, malgré le grand prestige exercé par la France sous le premier et le second empire, et que répudie au contraire la pratique de tous les peuples libres.

Les libertés de la famille, sous l'autorité paternelle, sont en effet la base et la condition des libertés publiques. Quand l'enfant, l'adolescent apprend de bonne heure à se conduire sous sa responsabilité et à borner sa liberté par le droit d'autrui, quand il s'habitue à respecter ses parents, à suivre leurs exemples, à imiter les aïeux, à aimer la coutume nationale, alors, devenu homme, il sait régir et défendre les intérêts privés et les traditions de son foyer, il est capable de liberté dans la vie publique parce qu'il a appris à en faire usage. Plus les familles sont solides, plus large est la vie privée, plus libre la vie publique. Mais si les foyers instables n'abritent que des familles désorganisées, celles-ci, incapables de dresser les enfants et de former des hommes, deviennent la proie du fonctionnarisme; les générations s'épuisent dans de perpétuels recommencements, avec le respect des aïeux disparaît l'amour de la patrie qu'ils ont faite, et la race se dissout dans l'anarchie. Ainsi, en invoquant le témoignage de l'histoire et l'observation des faits, Le Play montre comment la famille fait l'État.

Après la famille, l'atelier. Pendant de longues années, au cours de voyages répétés, l'auteur des *Ouvriers européens* a recherché et analysé en tous pays les ateliers en paix. A vrai dire, la mémorable enquête suscitée en 1867, à l'occasion de nouvel ordre de récompenses à l'Exposition universelle, avait le même objet. Plus de 600 établissements ont pris part à ce concours qui disposait de 100.000 francs de prix; le grand jury international, en scrutant minutieusement leur fonctionnement, a pu mettre en évidence les conditions essentielles au maintien de l'harmonie entre patrons et ouvriers. En outre, les faits ont eux-mêmes classé ces conditions entre elles suivant leur importance sociale, mettant au premier rang celles qui ont une portée morale : tout ce qui assure la permanence des rapports, la stabilité du personnel, la continuité du travail ; tout ce qui protège la vie familiale, le maintien de la mère de famille dans son ménage, la protection des mœurs, le foyer domestique décent et salubre ; enfin les habitudes d'épargne avec les institutions économiques qui les appuient. Le rapport qui résume cette enquête internationale demeure un document de premier ordre, toujours nécessaire à consulter.

Ainsi les faits mettent en lumière le rôle nécessaire du patronage et le mal irréparable qu'entraînent ses défaillances. Mieux est constatée, comme nous l'avons vu, l'importance sociale de la famille, plus indispensable apparaît la tâche du patron, car dans les agglomérations urbaines que multiplie l'industrie en attirant sans cesse les populations rurales, la vie de famille se désorganise par l'instabilité et la promiscuité, par le taudis et le cabaret, par la surexcitation de toutes les tentations et la facilité de tous les désordres. C'est au patron qu'incombe le devoir de réagir contre ces conditions moralement insalubres que le progrès matériel impose ; à lui de maintenir la permanence du travail, à lui de protéger avec une prudente et ingénieuse sollicitude toutes les influences salutaires dont le foyer domestique est le centre ; à lui de susciter l'élévation constante de son personnel en facilitant par son exemple et son concours le progrès moral, l'éducation économique et l'effort propre de ceux qui l'entourent. Bien coupables ceux qui s'en vont aiguiser l'envie populaire en répétant « ni Dieu ni maître » ; bien dupes surtout ceux qui les écoutent. Toute suppression, toute diminution du patronage donne aux ouvriers l'ombre d'une satisfaction par une prétendue indépendance, mais ils perdent en fait une aide profitable ; à la vérité, les patrons en bénéficient d'abord, puisqu'ils sont déchargés d'obligations onéreuses ; mais les uns et les autres en pâtissent également quand l'harmonie coutumière a fait place à l'antagonisme haineux. Là encore, on doit le répéter, il n'y a ni théorie, ni dogmatisme : de l'analyse d'innombrables faits jaillit la conclusion qui les intègre.

Un dernier exemple. Ce patronage nécessaire, qui est un devoir étroit pour les chefs d'industrie, dépasse les limites de l'atelier, et l'étude des groupements plus larges, des voisinages, des associations, des communes, des provinces, des nations, démontre de même que mieux il s'exerce à tous les degrés de la hiérarchie naturelle, plus la paix sociale est assurée. Ici, encore une fois, l'expérience fait justice d'un de ces faux principes de 1789 dont nous avons tant souffert : le sophisme banal de l'égalité. Le fait patent qui est de tous les temps et de tous les lieux, c'est la profonde inégalité entre les hommes. Ceux-ci sont inégaux, non seulement en force, en santé, en intelligence, mais surtout en activité, en courage, en volonté. Ils sont frères devant Dieu sans doute, et tous les enfants de la même patrie doivent être traités avec une égale justice, personne ne songerait à le contester. Mais il serait aussi monstrueux en droit que funeste en pratique que les laborieux et les prévoyants fussent artificiellement ramenés au niveau des paresseux et des insouciants. Ce serait ce que Le Play appelle l'égalité par voie d'abaissement.

De cette inégalité réelle, qui est le fait certain avec lequel il faut compter, ressort pour ceux que la Providence a le mieux partagés le devoir d'aider ceux qui montent. Il n'est pas question d'aumônes et de secours, mais du don de soi-même, de ce dévouement qui multiplie les occasions de contact, qui entretient la familiarité des rapports et tend à l'union des volontés; de ce sentiment enfin qui fait accepter gratuitement et comme un honneur une foule de charges et de responsabilités de la vie publique. Toujours et partout l'observation constate que, mieux ce patronage volontaire est rempli, plus forte est la race, plus rapide le progrès, plus assurée la paix sociale. Si, au contraire, cette tradition est oubliée, si le fossé se creuse entre les riches et les pauvres, ce ne seront pas les merveilles de la charité qui suffiront à le combler, et l'histoire enseigne par des exemples fréquents comment finissent les races divisées. Résumant ces leçons de l'expérience dans une double définition, l'auteur de *la Réforme sociale* appelait « classe inférieure » l'ensemble des personnes que domine l'inquiétude du pain quotidien, et « classe supérieure » ceux qui, dégagés de ce souci, consacrent une part de leur temps et de leurs peines au service gratuit du bien public. En d'autres termes, l'expérience constate que c'est à ce prix seulement qu'une classe supérieure est légitime et durable. Ainsi, le riche qui emploie tout son temps à accroître ses gains ou à multiplier ses jouissances n'appartient pas à la classe supérieure : s'il en fait partie aujourd'hui, c'est que ses devanciers l'avaient mérité, mais il en sortira demain par sa propre déchéance et par la haine qu'il excite. Au contraire, les humbles qui sur leur labeur prélèvent quelques moments pour une œuvre d'abnégation, — comme ces hospitaliers de Lyon dont la touchante Société remonte au siècle dernier et qui visitent les malades et leurs familles ; comme ces ouvriers qui, après journée faite, donnent encore quelques heures à une association coopérative ou de secours, — ceux-là appartiennent déjà à la classe supérieure, ils y arrivent par l'élévation de leur cœur et par l'estime qu'ils inspirent. Ainsi, partout dans les sociétés libres, s'établit, par la pratique du devoir et le souci du progrès, la hiérarchie du travail et de la vertu.

Est-il besoin d'insister et de redire que, quand on parle ici de hiérarchie, il ne s'agit pas de privilège, mais, au contraire, de responsabilité ? « C'est toujours par la tête que pourrit le poisson », dit avec une rudesse saisissante un proverbe russe, que Le Play aimait à citer. Toutes les fois, en effet, que la corruption envahit une race, l'observation constate que les puissants et les lettrés en sont les premiers foyers : fascinés par les richesses, égarés par les sophismes, — car l'erreur a toujours plus de part encore que le vice dans la souffrance des sociétés, — ils ont cessé de remplir leur rôle nécessaire. Les y maintenir s'ils le pratiquent, c'est prévenir le mal ; les y ramener s'ils l'ont oublié, ce serait le guérir. Mais quelle influence serait assez puissante pour les contraindre ainsi ? S'il fallait, dit Le Play, à la dernière page des *Ouvriers européens*, résumer en une conclusion unique les faits innombrables consignés dans cet ouvrage, nous dirions que les deux forces qui soutiennent l'édifice social sont, en bas la prévoyance, parce qu'elle assure l'ascension continue des plus dignes, et en haut la religion, parce que seule elle est assez forte pour empêcher l'abus et inspirer le dévouement.

Il faut savoir se borner. Aussi bien ces exemples et ces réflexions suffisent à faire ressortir la haute portée morale des conclusions dont je me borne à esquisser ici les traits généraux, en rappelant qu'elles demeurent, ainsi que toutes les doctrines scientifiques, soumises à l'incessant contrôle de l'expérience et des faits.

La science sociale, comme Le Play l'a définie et enseignée, munie d'une méthode rigoureuse, étend, on le voit, son domaine vers les horizons lointains. Elle dépasse les étroites limites entre lesquelles restaient jadis enfermés ceux qui se plaisaient à raisonner sur des abstractions — le producteur, le consommateur — au lieu de regarder les familles réelles et vivantes qui travaillent, qui aiment, qui souffrent, qui espèrent. L'économie politique en France tient à honneur aujourd'hui d'abandonner ces vieux errements, et Le Play n'est pas étranger au mouvement qui la ramène ainsi de plus en plus vers l'étude des faits. Peut-être entendez-vous parfois reprocher à l'auteur des *Ouvriers européens* et à sa méthode de trop rechercher les leçons du passé et de ne pas ouvrir assez large la voie au progrès de l'avenir. Quiconque connaît sa vie et ses travaux doit répondre que nul n'a eu plus que lui le souci du progrès légitime. Mais l'analyse rigoureuse des phénomènes sociaux ne lui permettait pas de confondre, d'une part le progrès matériel qui procède d'inventions et de découvertes dont les conquêtes une fois faites ne sont plus abandonnées, et d'autre part le progrès moral pour lequel il n'y a rien à inventer. L'observation et le bon sens démontrent qu'il n'y a point à découvrir de nouveaux rapports sociaux, ni à inventer des principes inconnus de droit et de morale; le progrès consiste à mieux pratiquer les enseignements de l'expérience. A mesure que se développent dans une race la richesse, la puissance, la culture intellectuelle, se multiplient aussi les causes de défaillance, d'erreur et de vice. Il faut donc déployer plus d'efforts pour conjurer le mal et promouvoir le bien, pour mettre de plus en plus de justice et de fraternité, d'amour mutuel et de paix sociale dans les rapports des hommes.

C'est pour accomplir cette tâche patriotique, c'est pour servir ainsi la vérité et le progrès que Le Play adressait naguère à ses comtemporains ce noble appel qu'il faut répéter souvent, afin de rapprocher et d'unir les hommes :

« Étrangers, disait-il [1], aux haines qui [divisent trop souvent les partis, nous demandons à la vraie science sociale des solutions que la politique seule ne saurait nous donner. Nous étudions les institutions du passé, non pour en restaurer les abus, mais pour y retrouver les libres aspirations du génie national et pour apprécier ainsi les tendances de l'avenir. Nous cherchons dans les traditions séculaires dont le sol et les esprits portent encore l'empreinte, les bases de l'ordre nouveau que nos pères ont vainement tenté de fonder sur de pures abstractions. Amis du progrès, mais redoutant le désordre et les agitations stériles, nous appelons sur le terrain de l'expérience, fécondé par l'étude et la discussion, tous les hommes qui veulent rendre notre patrie libre, grande et prospère. »

1. *Les Ouvriers des deux Mondes*, t. IV (1re série), rapport de 1861.

BULLETIN D'ADHÉSION

Je soussigné, adhère aux **Unions de la Paix sociale**, *m'engage à payer* la cotisation annuelle de **15 francs**, *et désire recevoir en retour la* revue : La Réforme sociale.

Nom : _______________________________________

Qualité : ____________________________________

Adresse : ____________________________________

(Signature lisible.)

Adresser le présent bulletin au **Secrétaire général, 54, rue de Seine, à Paris.**

LA RÉFORME SOCIALE

REVUE BI-MENSUELLE

Fondée par F. LE PLAY, en 1881.

Avec la collaboration de MM. Ant. d'Abbadie, Paul Allard, J. Angot des Rotours, F. Auburtin, Albert Babeau, Paul Baugas, H. Beaune, Bérenger, A. Béchaux, G. Blondel, V. Bogisic, Victor Brants, J. Cazajeux, E. Cheysson, A. des Cilleuls, A. Delaire, Ch. Dejace, Arthur Desjardins, Paul Desjardins, Ernest Dubois, E. Duthoit, Etcheverry, G. Fagniez, Fournier de Flaix, Fougerousse, Funck-Brentano, Albert Gigot, Ernest Glasson, Louis Guibert, Gruner, Urbain Guérin, Hubert-Valleroux, J. Imbart de la Tour, Henri Joly, Armand Julin, Clément Juglar, J. Lacointa, Lagasse, René Lavollée, Léon Lefébure, Albert Le Play, Anatole Leroy-Beaulieu, E. Levasseur, Raphaël-Georges Lévy, Paul de Loynes, De Luçay, Du Maroussem, Jules Michel, A. Moireau, L. Ollé-Laprune, G. Picot, O. Pyfferoen, A. Raffalovich, J. Rambaud, Ch. de Ribbe, Eugène Rostand, Santangelo Spoto, René Stourm, Victor Turquan, Maurice Vanlaer, Welche, etc., etc.

La *Réforme sociale* étudie les problèmes économiques et sociaux qui tiennent aujourd'hui le premier rang dans les préoccupations de l'opinion publique. Elle en demande la solution à l'observation des faits et à la pratique des lois morales, selon la méthode de F. Le Play, en dehors de tout esprit de parti et de toute théorie préconçue. Elle préconise tout un ensemble de réformes dont le cours des événements démontre de plus en plus l'urgente nécessité, et auxquelles se rallient chaque jour les esprits les plus éminents. Grâce à la sympathie grandissante que lui a témoignée le public éclairé, elle a pu, en commençant sa 3ᵉ série, prendre des développements considérables.

La *Réforme sociale* paraît le 1ᵉʳ et le 16 de chaque mois par fascicule in-8° de 80 pages, et forme par an deux forts volumes de 900 et 1.000 pages chacun, complétés par des tables analytiques.

Une bibliographie méthodique analyse, au point de vue social, tous les recueils périodiques importants de la France et de l'étranger, ainsi que les publications nouvelles. Par cette innovation la

Comité de Défense & de Progrès Social

I. — CONFÉRENCES PUBLIQUES DE 1895 & DE 1896

[50 *cent. par dizaine*]

(Toutes les conférences sont d'abord publiées dans la Revue
La Réforme sociale.)

N° 1. Pourquoi nous ne sommes pas socialistes, par M. ANATOLE LEROY-BEAULIEU, de l'Institut. — **N° 2. L'Usage de la liberté et le Devoir social,** par M. GEORGES PICOT. — **N° 3. Le Progrès social par l'initiative individuelle,** par M. EUGÈNE ROSTAND. — **N° 4. Le Devoir d'aînesse,** par M. PAUL DESJARDINS. — **N° 5. Le Rôle et le Devoir du capital,** par M. E. CHEYSSON. — **N° 6. Le Devoir social de la jeunesse,** par M. CHARLES WAGNER. — **N° 7. De la Responsabilité de chacun devant le mal social,** par M. OLLÉ-LAPRUNE. — **N° 8. Les Assurances ouvrières et le Socialisme d'État,** par M. ALBERT GIGOT. — **N° 9. L'Agriculture et le Socialisme,** par M. D. ZOLLA. — **N° 10. Le Comité de défense et de progrès social,** par M. A. LEROY-BEAULIEU. — **N° 11. La Liberté d'association,** par M. GABRIEL ALIX. — **N° 12. La Diffusion de la fortune mobilière en France,** par M. RAPHAËL-GEORGES LÉVY. — **N° 13. Le Rôle social de l'écrivain,** par M. RENÉ DOUMIC. — **N° 14. La Coopération, ses bienfaits et ses limites,** par M. MABILLEAU, correspondant de l'Institut. — **N° 15. Les Solutions socialistes et le Fonctionnarisme,** par M. EUGÈNE ROSTAND.

II. — BROCHURES IN-18

Couronnées dans le Concours de 1895-1896 [25 *cent.*]

A. La Propriété est-elle légitime ? par M. ANDRÉ VOVARD, lauréat de la Faculté de droit de Bordeaux. — **B. Les Adversaires de la propriété,** par M. DE SAINT-GENIS, ancien conservateur des hypothèques. — **C. Le Principe de la propriété,** par M. le pasteur MAURICE CONSTANÇON.

III. — TRACTS

Couronnés dans le Concours 1895-1896 [70 *cent. le cent*]

1. La Propriété. — Dialogue entre deux paysans. — **2. Histoire d'une casquette.** — **3. La Nationalisation du sol.** — Dialogue entre un paysan et un socialiste. — **4. Le plus coûteux des gouvernements.**

LES OUVRIERS DES DEUX MONDES

ÉTUDES SUR LES TRAVAUX
LA VIE DOMESTIQUE ET LA CONDITION MORALE
DES POPULATIONS OUVRIÈRES.

DEUXIÈME SÉRIE — Tome IV
PRIX : 15 francs

Dernières monographies parues : *Ajusteur surveillant à l'usine de Guise; Ebéniste parisien; Métayer du Texas; Ouvrière en jouets parisiens; Savetier de Bâle; Ouvrier employé de la Papeterie coopérative d'Angoulême; Fermiers du Forez; Armurier de Liège; Fileur du Val des Bois.*

Commencée en 1856, sur le vœu émis par l'Académie des Sciences en couronnant les *Ouvriers européens* de F. Le Play, cette publication réunit, sous la forme de monographies de familles avec budgets domestiques et tableaux statistiques, des documents du plus haut intérêt pour l'histoire des faits économiques et la discussion des questions sociales.

Il paraît un fascicule tous les trois mois. Prix : **2 fr.** En souscrivant d'avance : 1 f. **50**. Le Tome V est en cours.

Instruction sur la méthode des monographies.
Nouv. édit. 1 vol. in-8°... **2** fr.

LA RÉFORME SOCIALE ET LE CENTENAIRE
DE LA RÉVOLUTION

Travaux du Congrès de 1889, avec une lettre-préface de M. Taine, et une introduction sur les principes de 1789, l'ancien régime et la Révolution. In-8°. **10** fr.

Pour les Membres : **7 Fr.**

ENQUÈTE
Sur l'application des lois de succession

1re série : 1er fasc. : Dauphiné et Pays Basques. — 2e fasc. : Provence.

2e série : 1er fasc. Rapport général; Enquête dans les Cévennes, les Pays Basques, la Guyenne, la Franche-Comté. — 2e fasc. : La petite propriété. — 3e fasc. : L'autorité paternelle; Enquête dans la Creuse, le Limousin, l'Artois, etc. — 4e fasc.: La protection des biens de famille. — 5e fasc. : L'homestead aux Etats-Unis et en France; La protection de la petite propriété; Les partages d'ascendants.

Ch. fasc .... 2 fr.

CHARLES DE RIBBE

Le Play d'après sa correspondance. — 1 vol. in-18, 3 fr. 50. — Pour les membres, 1 fr. 60.

FERNAND AUBURTIN

Le Play; choix de ses œuvres avec une étude biographique et un portrait (Petite bibliothèque Guillaumin). Prix : 2 fr. 50. — Pour les membres, 1 fr. 75.

JULES MICHEL

Manuel d'économie sociale, 4e édition refondue et augmentée, 1895. — 1 vol. in-18, 2 fr.

ŒUVRES DE F. LE PLAY

Les Ouvriers européens, études sur les travaux, la vie domestique et la condition morale des populations ouvrières de l'Europe ; 2ᵉ édit. (1877-1879), 6 vol. in-8°, vendus séparément... 6 50

La Réforme sociale en France, déduite de l'observation comparée des peuples européens ; 7ᵉ édit. (1887), 3 vol. in-18.. 6

L'Organisation du travail selon la coutume des ateliers de la loi du Décalogue ; 6ᵉ édit. (1893), 1 vol. in-18............ 2

L'Organisation de la famille selon le vrai modèle signalé par l'histoire de toutes les races et de tous les temps ; 4ᵉ édit. (1895) ; 1 vol. in-18.. 2

La Constitution sociale de l'Angleterre (avec la collaboration de M. A. Delaire) (1875), 2 vol. in-18..................... 4

La Réforme en Europe et le salut en France ; programme des Unions de la paix sociale (1876), 1 vol. in-18............. 1 5

La Constitution essentielle de l'humanité ; 2ᵉ édit. (1898), 1 vol. in-18... 2

Les Conditions de la réforme en France après cent ans d'erreurs et de révolutions, ; 7ᵉ édit., br. in-18............... 0 1

Les Unions de la paix sociale, leur programme d'action et leur méthode d'enquête, par A. Delaire ; 6ᵉ édit., in-32. 0 1

La Corruption, par A. Delaire ; 3ᵉ édit., br. in-18......... 0 1

Aperçu sur la situation de la religion et du clergé en France, par X** ; 3ᵉ édit., br. in-18................................ 0 1

Les Unions de la paix sociale et les écoles socialistes ; réponse à M. Rouanet, député, par A. Delaire, 2ᵉ édit., br. in-18. 0 1

Mâcon, Protat frères, imprimeurs.

176

P87 / 2235